A Leveza Do Olhar

Agostinho Adrego Pessanha

Letras Ausentes Unipessoal LDA.

FICHA TÉCNICA

Título original: A Leveza Do Olhar

Autor: Agostinho Adrego Pessanha

© 2023, Letras Ausentes Unipessoal LDA.

Tiragem: 300 exemplares

Ilustrações: Álvaro Oliveira

Data de impressão: março de 2023

ISBN: 978-1-954145-94-8

Letras Ausentes Unipessoal LDA.

4100-375 Porto, Portugal

ola@letrasausentes.com

www.letrasausentes.com

Reservados todos os direitos. Nenhuma parte deste livro pode ser reproduzida ou transmitida sob qualquer forma ou por quaisquer meios, eletrónicos ou mecânicos, incluindo fotocópias e gravações, ou por qualquer armazenamento de informação e sistema de recuperação, sem autorização por escrito do editor.

Índice

Introdução 8

A beleza da alma 11

Uma ode ao teu amor 13

A centelha nos seus olhos 15

O seu coração é um oceano de amor 17

O poder do teu toque 19

Beleza intemporal 21

Caminhando sob a lua juntos 23

As estrelas sempre brilham para ti 25

Um beijo debaixo das árvores 27

Flores sobre o coração 29

As letras que sobrevivem em nós 31

Todas as cores do amor 33

Beijos que nunca desaparecem 35

O beija-flor e o sol 37

A chuva da primavera 39

Amor num jardim de flores 41

Som das ondas 43

Raios de sol 45

O vento soprou 47

Luz da lua 49

Música celestial 51

Música do amor 53

Farol 55

Cartas para o teu corpo e alma 57

Sorrir 59

Cai a noite 61

Livre amor 63

O nosso amor... 65

Conclusão 66

Biografia do Autor: 68

Introdução

O amor é uma emoção que transcende tempo, cultura e idioma. É uma experiência intrincada que se revela numa multiplicidade de formas, desde a euforia do namoro até à dor da perda amorosa. Há séculos que os poetas tentam capturar e expressar a essência do amor através da poesia, criando algumas das mais belas e intemporais obras da literatura.

Esta coleção de poemas é dedicada à pessoa que conquistou o coração do poeta. Aquela que é a fonte de inspiração para cada palavra escrita, cada linha elaborada e cada metáfora criada. Da primeira à última página, o leitor irá encontrar poemas que celebram a beleza, o amor e as maravilhas do universo, todos escritos com a mesma pessoa em mente.

Nestes poemas, o poeta exprime a beleza inexplicável da mulher, comparando-a às estrelas mais brilhantes do céu que brilham só para ela. Caminhar juntos ao luar e sentir a brisa suave nos seus rostos sob as árvores é uma doce recordação gravada na mente do poeta. Um simples beijo, que pode parecer insignificante para alguns, é uma representação do amor profundo e da ligação entre os dois.

O leitor encontrará poemas que celebram a beleza do seu físico e também a beleza da sua alma. O poeta maravilha-se com todas as suas características, desde os seus olhos brilhantes ao seu sorriso contagiante. O escritor é mestre em captar a sua própria essência, dando vida às emoções e sentimentos que cada característica evoca.

Por meio de uma linguagem vívida e evocativa, o poeta apreende as emoções que muitos de nós sentimos, mas temos dificuldades de expressar. As suas palavras lembram-nos das alegrias e tristezas que amor pode trazer, bem como o crescimento e a cura necessários que o acompanham.

Ao longo desta coleção, o poeta fala do poder do amor e destaca como este pode transformar até os momentos mais comuns em algo mágico. Celebra a beleza do mundo natural e do universo, tecendo elementos da natureza para realçar as muitas maravilhas do mundo.

Para aqueles que já experimentaram o amor e compreendem o poder da sua força avassaladora, estes poemas ressoam profundamente. São um tributo à pessoa que desperta alegria e admiração na alma do poeta. Uma coleção que celebra a beleza de um ser de todos os ângulos.

Este livro de poemas é o presente perfeito para aqueles que querem celebrar o amor por aquela pessoa especial nas suas vidas.

Quer esteja apaixonado, a curar-se de um desgosto de amor, ou simplesmente curioso sobre as muitas facetas desta poderosa emoção, esta coleção de poemas sobre o amor levá-lo-á numa viagem de descoberta e autorreflexão. É uma celebração do amor em todas as suas formas e serve como lembrança do seu poder duradouro nas nossas vidas.

A beleza da alma

A beleza da alma dela brilhava como o sol,
Emitindo calor em todos os cantos.
Os seus olhos profundos e misteriosos como o oceano,
Capturando os corações de todos que encontra.

As curvas suaves dos seus lábios contavam histórias não contadas,
Só reveladas a quem mais confiava.
A sua presença tinha um efeito calmante no mundo ao seu redor,
Trazendo paz e serenidade onde quer que fosse.

A beleza da sua alma incomparável
Quando enfrenta escuridão, permanece inabalável.
Nunca perdeu de vista o que realmente importava,
Mostrava amor e graça a todos que encontrava.

Uma ode ao teu amor

O teu amor é um raio de luz,
Que ilumina o meu mundo.
As tuas palavras animam a seguir,
Mostram que o mundo pode ser melhor.

Quando estou triste e a vida oprime-me,
As tuas mãos acolhem-me e elevam-me.
As tuas carícias acalmam a tempestade,
O teu amor é um abraço eterno.

O teu amor é uma fonte inesgotável,
Traz paz e alegria em abundância.
O teu amor é como um farol no mar,
Ilumina os meus dias com luz e cor.

A centelha nos seus olhos

Ali estava ela, em toda a sua beleza e graça,
O seu cabelo desce em cascata como uma onda prateada.
O brilho nos seus olhos é a luz mentora,
A minha fonte eterna de esperança e deleite.

Os brilhos nos seus olhos iluminam a terra.
O meu coração correu à medida que me acercava,
A fusão perfeita da sua força e luz,
O seu sorriso comoveu-me profundamente.

O seu genuíno calor e bondade cobriram o ar,
Um aroma celestial que ansiava partilhar.
Como se movia era uma oração silenciosa.
O meu coração doía para a ter.

O seu coração é um oceano de amor

O seu coração é um oceano de amor,
Uma vasta extensão que não conhece fronteiras.
É um mar profundo e sem limites,
Com profundidade tão insondáveis e profundas.

As ondas do seu amor enchem a brisa,
Como se o vento pudesse carregar emoção.
Ela cuida sem pensar,
O seu amor é uma poção sem fim.

O oceano do seu coração nunca seca,
Enche de alegria aqueles que a rodeiam.
O seu amor é tão incondicional,
Que aquece qualquer coração.

O poder do teu toque

As tuas mãos são como um encanto,
Buscam em mim o que me consola.
O teu calor envolve-me intenso,
O teu toque é uma magia real.

O teu toque é um milagre,
Tem a força de me acordar.
Quando te toco sinto os anéis de luz,
Ligando os nossos corações num só poder.

As tuas mãos são como pássaros a voar,
Trazendo consigo a força do teu amor.
Nunca esquecerei o calor,
Do toque que presenteias.

Beleza intemporal

A tua beleza é intemporal,
A tua face o mundo ilumina.
Os teus olhos brilham como luas,
E o meu coração dilata-se.

Tu és formosa e doce como a manhã,
A tua voz é um canto de primavera.
Tu és linda desde o sol até ao anoitecer,
Esta paixão enche o meu coração de exultação.

A tua presença se espalha por todo lado,
Motiva-me a lutar pelo que anseio.
Tu és um anjo sentado no meu ombro,
Que acolhe bem de perto o meu espírito.

Caminhando sob a lua juntos

Caminhando sob a lua juntos,
Uma noite mágica, tão deslumbrante,
O som dos passos em perfeita harmonia,
Com o doce murmúrio do nosso amor.

O brilho suave do luar,
Iluminando o nosso caminho,
Trazendo firmeza e certeza,
Quando estamos juntos na nossa viagem.

O ar está cheio de expectativa,
Enquanto nos abraçamos com carinho intenso,
Caminhando sob a lua juntos,
As nossas mãos entrelaçadas, unidas num amor perene.

As estrelas sempre brilham para ti

As estrelas brilham como luar
Nestas noites de frio e calor
Contemplo o céu, maravilha desta terra
E vejo a força dos astros e o seu poder.

Vou até o mar, onde as águas são profundas
E acalmam a minha alma fatigada
Ouvindo o canto dos seres marinhos
Desenho um quadro lindo no céu.

Perco-me nos campos da vida
Mas a luz das estrelas guia-me
E quando o sol se põe no horizonte
Os teus olhos são as estrelas que mais brilham.

Um beijo debaixo das árvores

Um beijo debaixo das árvores,
Nos envolve em momentos de doce paz.
Enquanto a brisa acaricia o rosto,
Um abraço forte nos ampara no solstício.

O beijo suave nos aquece,
E as folhas dançam a doce melodia.
O nosso coração se funde em amor,
Um sentimento que nunca morre.

Enquanto o vento suspira e geme,
Envia palavras de carinho.
As árvores tremulam ao nosso sussurro,
E a nossa alma é unida num momento eterno.

Flores sobre o coração

As flores estão sobre o meu coração,
Trazendo alegrias e luz.
As suas cores iluminam os meus dias,
E o seu aroma traz paz.

As pétalas são tão suaves e delicadas,
Inclinando-se à brisa.
Os seus tons emocionantes encantam-me
Como cantos de sereia.

Quando elas caem sobre o chão,
Como se estivessem a dançar,
Levam consigo mensagens de amor,
Que iluminam a vida de quem as observa.

As letras que sobrevivem em nós

Lembro-me das Letras,
Que foram esquecidas pelo tempo.
Trazem esperança e alegria nas horas de dor,
São o elo mais forte para o amor.

Esse som é tudo o que temos,
É o segredo para a nossa união.
Não há separação entre nós,
As Letras ligam-nos em harmonia.

Sobrevivem em nós,
Lágrimas e memórias são guardadas nas Letras.
Cante, fale, escreva,
Dê voz às palavras que vivem em silêncio.

Todas as cores do amor

Verdes são os campos de primavera,
Vermelho é o sol no seu momento de brilhar,
Amarelo é a luz da lua bem alta.
Cinzas são as pedras que se movem.

Azul é o céu aberto sem fim,
Brancos são os momentos de paz,
Preto são os dias caídos no esquecimento,
Rosa é a estrela brilhando na escuridão.

Laranja é a cor da aurora no fim do dia,
Roxo é a cor das nuvens na tarde ensolarada,
Ouro simboliza a abundância da vida,
Juntos formam um arco-íris de amor.

Beijos que nunca desaparecem

Beijos que nunca desaparecem,
A carícia dos meus lábios nos teus;
Um encontro de dois corpos enamorados,
Descobertas num abraço apaixonado.

O amor nos toca com intensidade,
Deixando-nos um toque para recordar;
Uma borboleta de felicidade,
Voa nos nossos gestos como um farol.

Beijos que nunca desaparecem,
As mãos se unem num abraço sem fim;
Os lábios destinados a se encontrar,
Uma tatuagem de amor no coração.

O beija-flor e o sol

O beija-flor e o sol eram alegria pura,
Vivendo uma vida de amor segura.
As suas cores brilhavam no céu azul,
Envolvendo tudo em beleza e luz.

O beija-flor e o sol eram tão harmoniosos,
Como se juntos formassem um coração.
A mais linda melodia suave a tocar,
Enquanto voavam de mãos dadas pelo ar.

E quando chegava o final do dia,
O beija-flor e o sol continuavam a sua dança,
Espalhando amor de um lado para o outro.
Iluminando o mundo com beleza e alegria.

A chuva da primavera

A chuva da primavera cai,
Traz consigo o som suave e leve.
O céu se ilumina em tons acinzentados,
Ventos gentis sopram com alegria.

A jovem abre a janela para sentir a chuva,
Recebe uma mensagem de aquecimento e calma.
O peso da vida desaparece num instante,
E tudo fica quieto e calmo.

De repente, ela sentiu que tudo estava certo,
Mesmo nas noites mais escuras.
A chuva trazia-lhe coragem e força,
Uma profunda sensação de paz a inundou por dentro.

Amor num jardim de flores

Ela caminhava por entre os trilhos do jardim,
Com ramos carregados de flores delicadas.
No ar, aromas doces e suaves a cercavam,
E as folhas tremulavam ao seu redor.

Olhando para os canteiros verdejantes,
Sentiu o amor nos corações alegres.
Parou por um momento e fechou os olhos,
Para desfrutar da brisa refrescante.

O Sol dançava nos céus de verão,
E os pássaros cantavam no meio da aragem suave.
Quando ouviu o murmúrio das águas correntes,
Sentiu que a magia do amor estava por perto.

Som das ondas

O som das ondas do mar convida
A abrir as asas e voar para longe.
Uma melodia suave ergue-se no ar,
Como uma canção que preenche o coração.

O poder da natureza é pleno de deslumbre,
Navegamos juntos e sentimos o seu encanto.
A magia das ondas é forte e impetuosa,
A brisa revigorante traz uma explosão de vida.

A vida é um maravilhoso presente divino,
Aproveitamos para navegar sem destino.
Levámo-nos pela magia do som das ondas,
E os nossos corações abrem-se para a força do mar.

Raios de sol

O sol radia o seu calor,
Cria sombras profundas e tão grandes.
A luz que penetra lentamente na terra,
Brilha com amor sem igual.

A sua energia derrete-me por dentro,
Enche o meu coração de alegria.
As sombras criam estranhas formas,
Levam-me para um mundo mágico.

A luz do sol queima a minha pele,
Estando tão perto, mas tão longe.
As sombras saem de todos os lados,
Criam padrões incomuns no meu caminho.

O vento soprou

O vento soprou suave e leve,
Enquanto a minha amada dançava a mais linda melodia.
O seu rosto corado era de uma beleza incomparável,
E o seu sorriso iluminou a noite com tanto brilho.

Ela girava e movia-se com tanta graça,
Enquanto a música tocava à sua volta.
Apaixonei-me profundamente,
A suas danças eram como um sonho.

Quando a música acabou, parou à minha frente.
Olhou-me com aqueles olhos encantadores,
Senti-me tolo e feliz,
Os seus lábios abriram-se para um doce beijo.

Luz da lua

Noite estrelada e lua cheia,
Brilham sobre a terra com a sua luz teimosa.
Lembro-me de ti,
Enquanto caminho por essa noite serena.

Os grilos cantam a sua melodia,
E o vento sussurra segredos no ar.
Enquanto mergulho em nostalgia,
Lembro o toque suave dos teus lábios nos meus.

Caminho por entre as árvores altas,
Onde a sombra é um abraço fresco e suave.
E onde a luz das estrelas salpicadas
Parece tudo envolver no seu manto de amor.

Música celestial

O céu nos presenteia com a música celestial,
Uma harmoniosa melodia que nos toca e embeleza.
Cantando sobre amor por toda a parte,
É o som da alma que nos desperta.

Ao soar dos seus versos encantadores,
Os nossos sentimentos aclamam profundamente.
A música celestial que nos toca emocionalmente,
Embala a nossa alma e alegra o coração.

Vibrando em sintonia com o universo,
Somos abençoados com a beleza divina.
A melodia nos une e nos inspira,
Transcendendo os limites da imaginação.

Música do amor

A música do amor une as nossas almas,
Num ritmo divino que só nós entendemos.
Cantamos uma canção que vem das profundezas,
De sentimentos que apenas os nossos corações compreendem.

A melodia é suave, mas forte o suficiente,
Para atravessar fronteiras e chegar ao outro lado.
Ela é a trilha sonora da nossa vida,
Nos momentos de alegria ou nos dias nublados.

O amor é a música mais linda já composta,
Em cada acorde sentimos a emoção.
É como a brisa amena que nos envolve,
É a história que contamos em cada canção.

Farol

Nos teus olhos, um mar sem fim,
Uma galáxia de estrelas a brilhar por mim,
A tua voz, uma canção que me guia,
Nos teus braços, encontro consolo e alegria.

O teu amor, um farol na escuridão,
Um fogo que aquece o meu coração,
Neste mundo tão vasto e extenso,
Juntos venceremos, lado a lado.

No seu olhar vejo a esperança,
Um refúgio no meio desta dança,
Onde o amor é a força que nos conduz,
E a paz é fruto da nossa luz.

Cartas para o teu corpo e alma

O teu corpo é uma canção,
Um hino de beleza profunda.
Cada músculo e cada osso,
Tudo a cantar em conjunto com o bem.

A tua alma que se expande livremente,
Com a força de mil borboletas.
Não há nada que possa-te deter,
Quando tomas asas para esvoaçar.

A tua alma tem a força de mil leões,
Capaz de suportar qualquer tempestade.
A tua essência preenche o vazio que nos rodeia,
Despedaça as barreiras que nos desunem.

Sorrir

A tua risada, uma melodia tão mélica,
Um ritmo que faz o meu coração saltar,
Uma cascata de alegria, um turbilhão de amor,
És o meu anjo, enviado do céu.

Na suave brisa, ouço o teu nome,
Em cada pôr do sol, vejo o teu rosto,
No teu abraço, sinto-me pleno,
Encontro o meu coração e o meu espírito.

A felicidade que me dás,
É como uma flor a descerrar ao sol,
A luz no meio do breu,
A beleza de um rio a correr.

Cai a noite...

Quando a noite cai e as estrelas se enfileiram,
Agradeço aos céus por fazer-te minha,
Um amor tão puro, um amor tão divino,
Nos teus braços, os nossos destinos entrelaçam-se.

Enquanto a lua minguante e o sol nascente,
A tua beleza se desdobra, cheia de surpresas.
O nosso amor é um oceano profundo,
Cheio de tesouros para zelar.

Os dias têm a sua magia,
A cada novo amanhecer, enchem o meu coração de alegria,
Os pássaros cantam para anunciar o nosso encontro,
Lágrimas caem do meu rosto pelo nosso divino.

Livre amor

Ah, o amor tão livre,
Como folhas numa brisa de primavera.
Suavemente flutuando no ar,
Sem leis para nos aprisionar.

Entrelaçámo-nos com a mesma liberdade,
Sem temor de julgamento e constrangimento.
Os nossos corações dançam ao sabor do vento,
Desprendidos de qualquer amarra mental.

Amar é sentir o contacto dos lábios,
Tocar o calor das mãos e da respiração.
Partilhar magia sem consciência,
Vivenciar um sentimento deslaçado.

O nosso amor...

O nosso amor é como o nascer do sol,
É luz e calor nos nossos corações.
É uma brisa aprazível de primavera
Cheia de esperança e desejo.

É uma flor que se abre
E traz beleza à vida.
É a lua cheia que balança nos mares,
Que nos encanta com as suas ondas e os seus mistérios.

O nosso amor é uma linda estrela-do-mar,
Brilhando com encanto e magia.
É a canção que nos alegra o coração,
A música que nos faz vibrar de alegria.

Conclusão

Ao chegarmos ao fim deste livro de poemas, não podemos deixar de nos sentir arrebatados pela profundidade, beleza e poder do amor expresso através da arte da poesia. Cada poema levou-nos numa viagem, explorando várias facetas desta emoção intrincada e infinitamente fascinante. Desde a beleza sublime da alma até às sensações físicas do toque e às maravilhas do mundo natural, estes poemas desafiaram-nos a contemplar a natureza do amor em todas as suas formas.

Ao refletirmos sobre os títulos destes poemas, apercebemo-nos de que retratam um mundo onde o amor é mais do que uma simples emoção, é uma força que permeia tudo. A beleza da alma, o brilho nos olhos e o poder do toque, tudo serve para nos lembrar que o amor não está sujeito ao espaço e ao tempo, mas é eterno e duradouro.

Através das páginas deste livro, caminhámos juntos sob a lua, admirámos a beleza das estrelas e sentimos a alegria de um simples beijo. Observámos as maravilhas do mundo à nossa volta, vimos o nosso reflexo na beleza da natureza e experimentámos as muitas tonalidades do caleidoscópio do amor.

Estes poemas recordam-nos que o amor é uma dádiva que deve ser acarinhada e celebrada. É uma lembrança da interconexão de todas as coisas, uma força que nos liga ao universo e se derrama nas nossas almas. O amor é aquela coisa intangível que mantém tudo unido, uma promessa de esperança e um farol de luz na mais escura das noites.

Ao terminarmos este livro de poemas, fica-se com uma sensação de maravilha, inspirada pelo poder do amor e pela beleza que nos rodeia. Estes poemas convidaram-nos a experimentar a arte da poesia, um ofício que consegue destilar a essência da emoção humana em algo tangível, algo que toca a alma.

Concluímos a nossa viagem através destes poemas com a perceção de que o amor não é um sentimento, mas uma forma de estar. É um estado de espírito, uma forma de ver o mundo à nossa volta e uma viagem do coração. Esperamos que estes poemas tenham enriquecido a sua alma, presenteado com momentos de contemplação e enchido o seu coração de amor.

Biografia do Autor:

Agostinho Adrego Pessanha é um poeta português nascido em Arouca, Portugal. Com uma formação académica em Filosofia, ele é conhecido por partilhar a sua poesia com os seus alunos e amigos. Pessanha tem a capacidade de tocar as almas com as suas palavras, retratando sentimentos profundos numa forma subtil e poética.

Se quiser conhecer mais sobre este poeta encantador, pode enviar email para ola@apessanha.com ou aceder ao seu site em www.apessanha.com.

www.ingramcontent.com/pod-product-compliance
Lightning Source LLC
Chambersburg PA
CBHW041407010526
44107CB00015B/1105